El oscuro bosque de mis manos

Ediciones Laponia

Whigman Montoya Deler

Copyright © 2019 Whigman Montoya Deler
Todos los derechos reservados.
Título: El oscuro bosque de mis manos
Autor: Whigman Montoya Deler
Edición: Jorge Venereo Tamayo

Diseño de portada: Jorge Venereo Tamayo
Foto de portada: Akira Hojo
Foto de contraportada: Deglee Degi

Todos los derechos reservados. Publicado en los Estados Unidos de América por Ediciones Laponia, LLC. Prohibida la reproducción total o parcial de este libro sin autorización previa del autor.

Información de catalogación de publicaciones disponible en la Biblioteca del Congreso de los Estados Unidos.

LCC # 2019904190

ISBN: 1-7339540-2-3
ISBN-13: 978-1-7339540-2-0

agapimu1973@gmail.com
info@edicioneslaponia.com

www.edicioneslaponia.com

Made in USA, 2019

ÍNDICE

Seleuco y la melancolía 9
Al joven Io..11
I 13
Incertidumbre 15
Aflicción primera...16
Salvador Dalí 17
II...18
III...19
IV 21
V...23
VI 25
El poeta se mutila ante la idea del infierno..............................26
VII..27
VIII..29
IX 30
X...31
XI...32
Cry me a river..33
Los amantes del círculo polar..35

El delirio de Loreena Mckennitt 36

Lamento 37

El gallo amanece en el palo 38

Ella se mira en un espejo roto 39

El hombre más viejo de Australia teje diminutos *jerseys* para pingüinos heridos 41

Estatuas de sal 43

La hora novena 45

Museo 46

XII 47

Campo de batalla 49

A mi padre 51

Pictograma 53

Canibalismo 54

Era mi cuerpo… 55

Cadena perpetua 59

Por si las moscas 61

Laberinto 63

Terremoto 65

Ala dino 66

Vida y muerte de Jorvas 68

En aquella misma hora aparecieron los dedos de una mano de hombre que escribía delante del candelabro, sobre lo encalado de la pared del palacio real, y el rey veía la mano que escribía. Entonces el rey palideció y sus pensamientos lo turbaron.

Daniel 5:5-6
Santa Biblia

Seleuco y la melancolía

> Yo soy el mentiroso que siempre dice su verdad.
> Gastón Baquero.

Soy el hombre que se turba con un nombre en la mano
tatúa besos en su piel
y llora cuando eyacula.
El hombre que mata ovejas en la almohada
que hace té para sus ojos
y toma aspirina
el que tiene algo de gato
que come flores
el que esconde ranas en el estómago
y se mira en un espejo roto.
El hombre que llora sólo por un ojo
que se abrasa
y dormita en su sueño fotográfico.
El que tiene alma de guitarra
el guardabosque
el hombre que fue muro
que mastica pieles de foca
y rocía gestos en almíbar.
El que recibió el aldabazo de la gente

y deshace su pespunte.

El hombre que pretendió ahorcarse en tu cintura
que hundió su lengua en el barranco
el hombre que echó el ancla en pleno velo.

Al joven Io

El viento sisea la rama de la encina
ordena que aromes la noche que dormita
la humedad de los parques, la calle oscura
la esquina de Lerna.
Que te entregues a los abrazos de la cumbre del monte
al aliento de las nueve cabezas del pantano
y a la caricia de los jóvenes de la Tróade (ciudad héroe)
vaqueros y ordeñadores del ganado arisco.
Te manda que te transfigures, que te cuides de la vigilancia
de las perseguidoras; esos pavos reales enchapados de cien
ojos y de esa mosca que vino para atormentarte.
    Epafé: acción de tocar.
        Que se derrame el río, que se llenen las copas.

Foto de Daniel Adesina

WHIGMAN MOTOYA DELER

I

Hoy enciendo la hoguera
el aire es suave y sosegado.
Ha llegado la hora de la brisa
del hilo tejido por el fuego
desasido por mis deseos de seguirlo.
He bebido en manantiales de agua fresca
y me han dado tu nombre las anguilas
de donde brotan los lagos de la tierra.
¡Oye cómo suena el cuerno!
Quiero golpearte la mejilla
con un trozo de madera labrada.
¡Mira cómo unto de resina todo
el cuerpo para que no te salgas!
Ha chillado el zorro volador
y llevo desde niño la cuerda atada al cuello.

Incertidumbre

> O en el hastío de la fascinación
> de las hojas, buscando en los parques
> la mano del hombre.
> José Lezama Lima

No sé por qué los parques, por pequeños que sean
siempre dejan en mi alma ese misterio suyo y mío
de sombras y de luces.
Tal vez porque los árboles… o el silencio de los árboles…
tal vez porque los bancos… o la quietud de los bancos…
quizás porque las hojas secas…
el color de las hojas secas… o su brillo…
o tal vez porque la hormiga… la casa de la hormiga…
o la picadura de la hormiga…
No sé...

Aflicción primera

Soy agua estancada en la montaña
morada de la sombra que me rige.

Apareces como tronco en la laguna
otra vez remo.

Llegaste cuando la lluvia aserraba
leña en la ladera.

Tu cuerpo se desprendía de tu alma
que en otro tiempo habitó
en el cáliz de las algas.

¿Cómo van a decir que tú no eres
un pez que ha tomado forma humana
para atormentarme?

WHIGMAN MOTOYA DELER

Salvador Dalí

> tu vara y tu cayado me
> infundirán aliento.
> Salmo 23.4

Este nombre en la arena
y la arena hecha roca en mi mano
tu nombre que encalla violentamente roto
como barco en mi mano
como mástil desvelado entre mis dedos
lo entrego de trombas al mar
de espaldas al potente mar de tus lucubraciones.
Tu nombre, es un empaste que sale de mi falo.

II

Toda la noche como masa para el pan
tu mano estuvo entre las mías.
Pan mío de cada día.
Señor, que no me falte el pan, cada día.

III

¿Sabes que pierdo la cabeza cuando sonríes?
Tu risa es como una guillotina.

Foto de Evie Shaffer

IV

Si como las hojas secas
o las finísimas plumas cuando caen
vuelves a moverme tanto tiempo suspendido
caeré de luces ladeado sobre la tierra oscura.

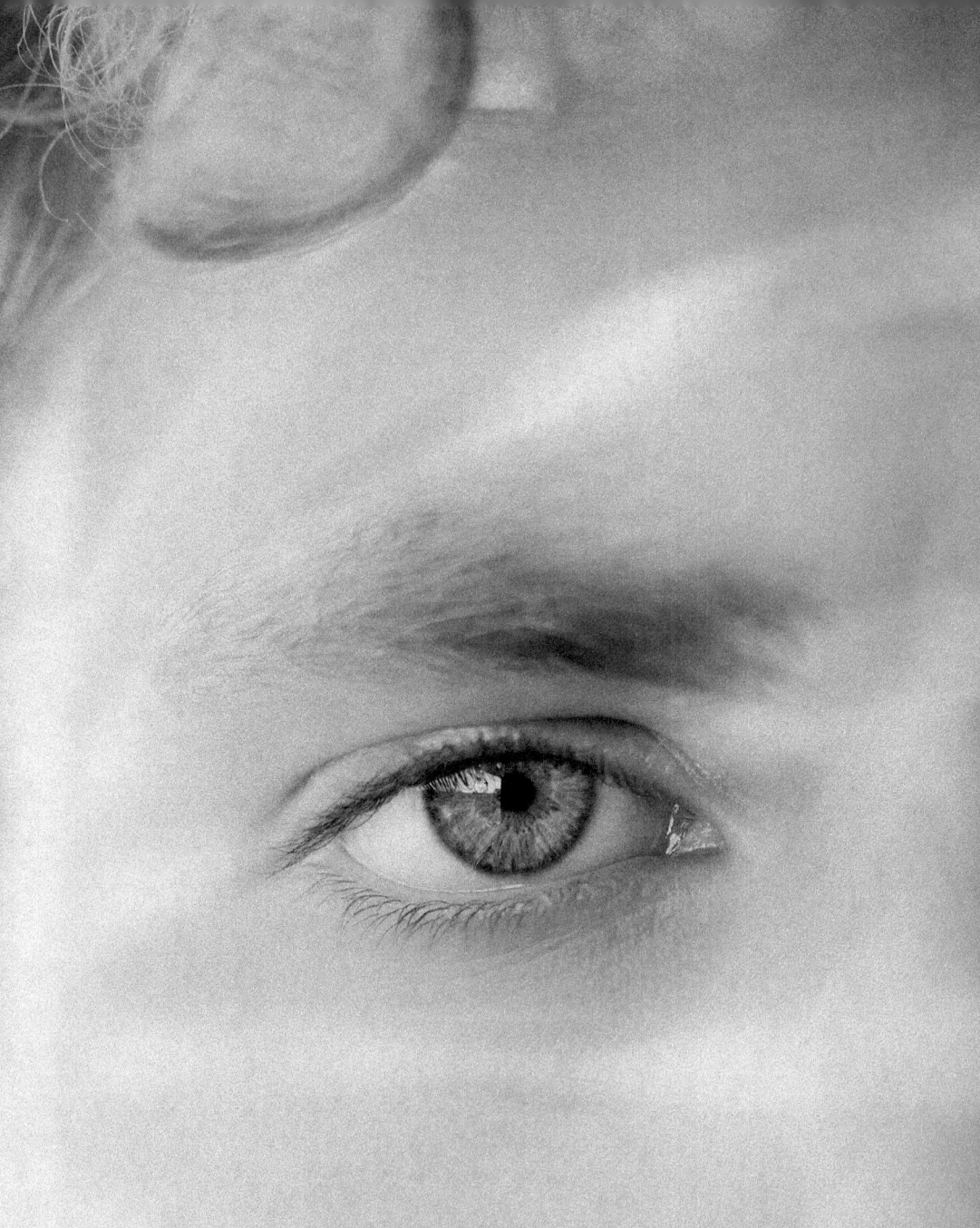

Foto de Ian Dooleyr

V

Toda la tarde me has estado sembrando
con esos ojos tuyos. *Yo quiero ser, llorando, el hortelano...*

VI

No sé si por suerte o por desgracia
tú serás una piedra en mi camino o un oasis
en la desierta ruta de mi vida.
Mi corazón es un camello que pasa por el ojo de una aguja.

El poeta se mutila ante la idea del infierno

Sólo tengo ojos para ti
aun estando ciego
me quedan estas manos.
Si mis manos me hacen caer
también las echo de mí.
Mejor que las pierdas
y no que tu cuerpo
sea echado de mí.

VII

Ha llegado la noche de los adobes.
Soy el escriba que tiene la lengua azul
el pastor de los campos de Pérgamo.
Los lagos y los ríos son el refugio de las cañas
que es lo mismo que decir tu piel.
He puesto mis ovejas a pastar en ella.
Han salido de mi boca manadas de antílopes
cabras y terneras descueradas.
Ahora mi mano es una brocha surrealista
y has quedado como el arca
llena de animales salvajes.

Foto de Zoltan Tasi

VIII

Ayer te he llevado a un molino verde
lleno de hojas secas que cubren
las ruinas de Tello en la ciudad de Uruk.
He soplado hoja por hoja de encima de tu cuerpo
piedra por piedra de la pirámide de Daschur
en busca de los lunares de trigo
de los oscuros murales de tu piel
mes de las mieses.

IX

Mi cuerpo es un árbol del que brota
resina como lluvia contenida.
Mi cuerpo es un árbol con pájaros:
cuando saltan...
en cada rama estremecida se anuncia una ranura.

WHIGMAN MOTOYA DELER

X

Es una fuerza extraña
un hundimiento de marino
lo que te hace esconderme
en tu cuerpo tremedal
y sembrarte un tilo en la garganta.
El muro nos llena de un silencio rogatorio
como de árbol sagrado
y nos atamos a la piedra Lingam de los hindúes
como algo a que aferrarse.

XI

El alción ha vuelto a conocer las tempestades.
Siete es el número perfecto y siete días preceden
y siguen mis deseos de empollar un somormujo.
No he podido pasar al otro lado.
En la barca hay un marino de apellido Acrea.
Cuando lo despierto todo entra en calma.

WHIGMAN MOTOYA DELER

Cry me a river

                              a Heath Ledger

Swan y Canning lavan tu cuerpo
y cantan el secreto de tu montaña humedecida.
Ellos son ahora desbordantes plañideras
que gritan el jazz de los amantes de New Orleans
esos cisnes negros, ángeles alados que volaron
la noche de tu muerte.

Diana Krall ha pescado en las aguas de Wyoming
un salmo que llora como niña.
Jack Twist y Ennis del Mar se han trasquilado todas
sus ovejas y en esta isla de calor gimen en tu nombre
los cuerpos sudorosos de los adolescentes.

Foto de Jakob Owens

WHIGMAN MOTOYA DELER

Los amantes del círculo polar
(Otto día más sin verte)

> "Voy a quedarme aquí todo el tiempo que haga falta.
> Estoy esperando la casualidad de mi vida, la más grande,
> y eso que las he tenido de muchas clases.
> Sí. Podría contar mi vida uniendo casualidades..."
> Ana

Sentado en la silla de Ana
esperaba frente al agua que te vio pasar
y al sol que no se puso
con el corazón en la mano
y la nota de amor entre los dedos.

Ya tengo en los ojos tantos peces
y esa mirada tuya en el recuerdo
y el beso desnudo debajo de la cama.

Todo el frío del piso se hunde en el estómago
la espera se dilata
y estás en mi círculo de humedad.

Tu rostro flota en mi mirada como para salvarme
Yo veo las puertas que se abren
y tú lloroso susurras esa nota.

El delirio de Loreena Mckennitt

Robin Hood está en la India
amando a una irlandesa de cabellos rojizos.
Ella toca el arpa y sopla como buena nativa
sabe sacar música de su cintura que es como un laúd.
Robin canta como castrati y Loreena
le ajusta a su garganta las cuerdas de su jaula
encierra un ruiseñor en ella y vuelve a la batalla
en busca del amor de los soldados.
Mckennitt ama el pisar de los elefantes
y los bailes sensuales de la India
también ama la ópera italiana.

WHIGMAN MOTOYA DELER

Lamento

> Yo les daré algo mejor que tener hijos e hijas
> Isaías 56-5

Un dolor como el nuestro, de tus partos lleno
es un coro de eunucos con votos de silencio.
Tijeras de varón impiden tenerlo entre mis brazos
llorarlo de calostro con mis besos.
Es una boda donde se acaba el vino
una virgen con espinas como hijos
hijos de agua del milagro.
Un dolor como el nuestro
es como sangre oscura sobre un pañuelo blanco
en manos de un gitano.
Es armar la yurta y desarmarla sin descanso
sentir la flecha fermentada en mi costado.
Madre, un dolor como el nuestro es pan sin levadura
es mordernos la lengua si hablamos de intentarlo.
Una paz que duele, Padre, es un dolor de madre
por el hijo de la circuncisión.

El gallo amanece en el palo

Rasguémonos la ropa.
No hay lamentos en los amaneceres
ni ceniza ni cal que nos detenga.
Todo arde a pesar del granizo en tus ojos
de la sábana ajada en tu sonrisa.
Pongámonos las pieles de los adolescentes
recitemos el cantar de los cantares.
Ya suenan las campanas en tu espalda y acudes
con remilgo a persignarte.

Ella se mira en un espejo roto

Ella estaba llena de mujeres
y de hombres de todos sus partos
de la sangre del sacrificio de la circuncisión.
Ella era sacerdotisa y sacerdote.
Matriarca.
Amazona de su hombre mono vaginal
(especie en peligro de extinción).
Ella se vestía de testosterona
de Mujer Papa
de arquera de su femineidad
de doncella de su feminismo.
Ella tenía colgada al cuello una mujer de pelo en pecho
hombros de comadronas
y ojos como plañideras de húmedas tareas.
Las yemas de sus dedos eran incendiarias
mujer manos tijera.
Ella fue amante de las hijas de Safo.
Fue mujer poliándrica
mujer montaña
mujer llena de enigmas.

WHIGMAN MOTOYA DELER

El hombre más viejo de Australia teje diminutos *jerseys* para pingüinos heridos

> ¡Tú flotas sobre todo,
> Hijo del alma!
>
> José Martí

He vestido a mi niño también de rosa.
He quemado todos los azules
y las palabras de pelo en pecho.
Lo dejaré también jugar con muñecas o a la casita
hará de mecánico de cocina o bañará al bebé.
He rodeado de tules y encajes todos los prejuicios.
No alardearé de cuántas novias tendrá
de que será como su padre.
Mientras lo cargue pensaré también en posibles novios
nunca se sabe.
Lo veré como un futuro hombre de bien
sin importar el leño o la flor.
Tomará la mano de otro niño cuando juegue
y ya no habrá entre dos manos alfileres.
No le enseñaré a tirar piedras a las aves
ni al árbol que da fruto.

Reinventaré para él los cuentos de hadas
príncipes y brujas.
Tendrá a su padre para que lo guíe.
Jugará con sus hermanas a los disfraces: habrá de vaqueros
y de señoras.
Los dejaré hacer, reiré con sus cosas.
Qué importa si los rumores se extienden como hiedra.
He bordado de antemano las opiniones
de los encasilladores.
Cuando ya no sea un niño
y se moje en los humedales de sus noches
verá que le brota una semilla de mostaza.
Entonces habrá notado que la vida está llena
de limitadores y de matices; que el sol sale para todos
y por supuesto a vestirse también de rosa.

WHIGMAN MOTOYA DELER

Estatuas de sal

Nada me levanta y hunde más que mis recuerdos.
Una ciudad que es mi patria
una calle, el barrio acafeinado en las mañanas.
Las fotos se quedaron en casa por temor a la lluvia
al agua entre fronteras.
El mar y las montañas no son lo mismo
la llanura ha triplicado mis deseos de mirar arriba
pero el cielo tampoco es el mismo.
Busco en los closets los olores del armario de la abuela
los portales en U y los tejados
la forma de hablar de mis paisanos.
Pensar que caminar descalzo por la tierra o los guijarros
es todavía posible y que bañarse en la lluvia es una fiesta.
Nada me recuerda más y me salva que mis costumbres.
En mi mochila no hubo lluvia ni río
que arrasara con ellas.
No traje libros de cocina ni de refranes
porque aunque lejos de casa aún vivo
entre el mar y la montaña.

La hora novena

Era un parque y estábamos hablando.
El olor a café salía del marrón de tus ojos.
Los bebí sorbo a sorbo
y pestañeabas con la coral de fondo.
Yo llenaba mi taza en tu mirada
y nos rozábamos rodilla con rodilla adoquinadas
como las propias calles de Santiago.
Fue amor a primer sorbo
bajo un sol que destilaba todos tus aromas.
Pedí deseos y escaparon tus pestañas.
Soplé disimuladamente un beso entre mis dedos
y se deshizo
también se deshizo tu sonrisa
y el aire se llenó de plumosas flores de cerraja.
El calor licuaba hasta las piedras
y a mí me derretían tus encantos.
Había algún brillo en tu mirada
señas como de un faro
mas yo naufragaba a la novena ola
precisamente a la orilla de tus besos.

Museo

En la pared hay una taza a la que estoy rendido
ella absorbe toda mi savia y mi sabiduría.
Ya son dos, como gemelas
ya hay un ejército de tazas.
Ellas beben mis latidos sorbo a sorbo
de reojo
desde lo más profundo de la tierra.
Yo libo sobre ellas agua, leche y miel
como si fueran musas o montañas.
Hay un sepulcral silencio en el templo de las tazas
todos musitan o enmudecen mientras mis perros
ladran al ascenso de Ganimedes.

XII

Secoya de agua dulce
tortuga de California.
Tu cuello es la corteza
esos anillos de tu caparazón verdoso
que son como nudillos
en la cuenca de mis manos.
Te levantas eterna en la roca
en la cima de tus soles
y emerges de mis profundidades
desde lo oscuro de mis pasos.

Campo de batalla

La falange fue mi estrategia para enamorarte.
Una macedonia de frutas y tu pecho en mi sarisa
como herida de Eros sangrada en los Balcanes.

Tú de lejos me lanzabas piedras y flechas.
Yo era entonces una ciudad fortificada
a punto del desplome.

La tensión disparaba todas tus catapultas
y entraste violentamente por mis poros.
Yo, aquella misma tarde, quemé mis naves
y todos mis papiros bajo el calor volcánico
de la Biblioteca de Alejandría.

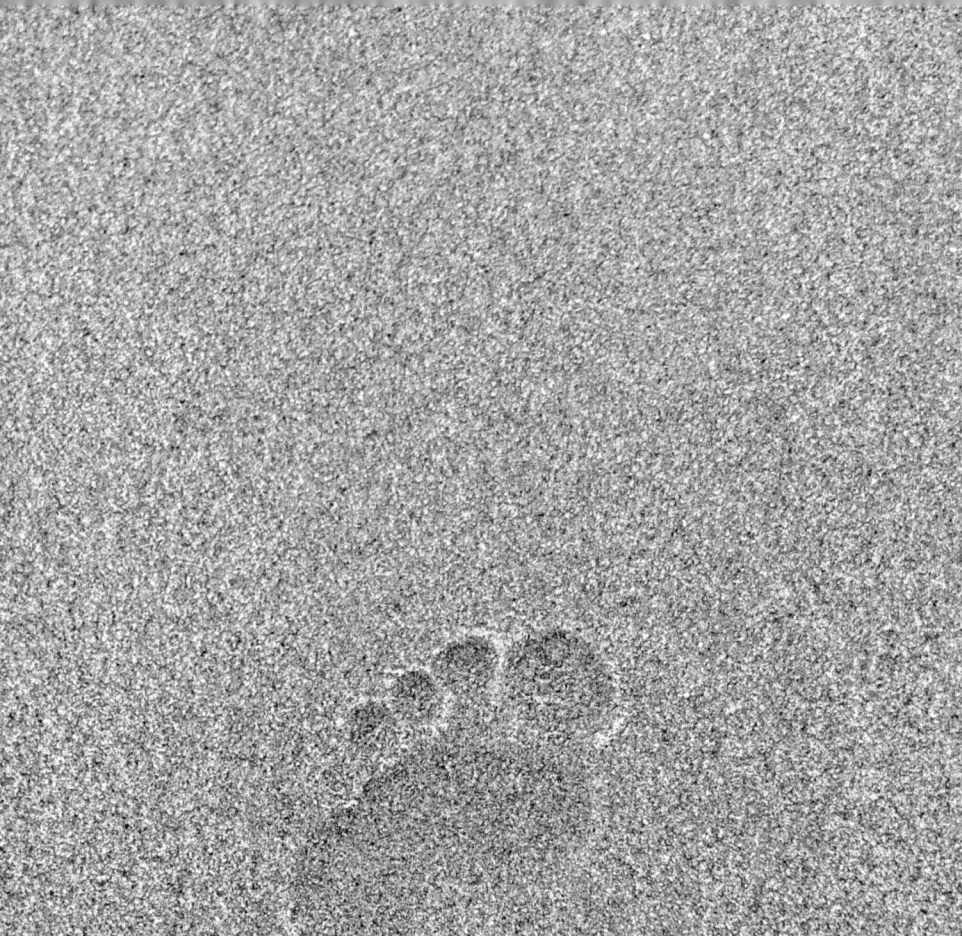

WHIGMAN MOTOYA DELER

A mi padre

Mar ahogado y arena en mis ojos.
Mar de humo subiéndose en el cielo humedecido.
Yo ponía mi pequeño pie sobre la huella de tu pie en la arena.
Hijo de todas tus caricias.
Una ola de mujer ceñida a tu cintura la deshizo
y se rompió mi nube.
Se averiaron las compuertas de la mano en mi cara
y quedaron los juguetes en la arena.
Yo lloraba justo como un mar de lágrimas
y tu sombra, que era mía, se quedaba deshojada.
Esa misma tarde yo me ahogaba en el río
de todos mis ancestros
y un guijarro se alojaría en tu alma.
Otra tarde, ya estrujada, yo me vestía con el cilicio
y las cenizas de todos tus cigarros sin darme cuenta
de que ya te había llorado cuando una ola borró tu huella
de la arena en una playa llena de sargazos.

Foto de Nathan Dumlao

Pictograma

Él soñaba con besar las pecas de sus hombros.
Él nunca había rozado la mano de otro hombre
en el pasamanos de un autobús.
No sabía hacer otra cosa que llevarse a su cuarto
colgados al recuerdo
el verde sostenido de sus ojos
la voz que enmudeció su nombre.
Él a veces lo encontraba a solas, eran entonces
como dos capiteles soportando el peso del silencio
el empuje de sus ojos.
Él le escribió una carta, le habló de sus pecas.
El otro sabía callar y mirarlo por horas
pero no era capaz de contestar a un cuerpo escrito.
Con la carta entre sus manos
sólo supo ofrendar su grano humedecido
mientras pensaba en aquel
que quería besar las pecas de sus hombros.

Canibalismo

El amor ha vuelto a entrar por la cocina.
Un hervidero humedecía tus labios
también los humedecían las gotas de mi frente
y la última lágrima tejida en mis telares.
La carne siempre estuvo en la parrilla antes
de estar entre mis dedos.
El fuego ardía lentamente como tallo de cañaheja
y me decías:
"dame la vuelta, que por este lado ya estoy hecho"
Yo había puesto tres clavos en la masa para crucificarla
pero los borraste con tu aliento.
Cenábamos como los españoles bien entrada la noche.
Tú morías de hambre y yo simplemente
te daba mis costillas.

WHIGMAN MOTOYA DELER

Era mi cuerpo…

Era mi cuerpo primero como una gota.
Una mezcla de cometa que estalla sobre un islote
en mar abierto.
Era mi cuerpo una letra, un Big Bang que une
y destruye como un eclipse, una luna roja que sangra
y se coagula por tus entrepiernas.
Era mi cuerpo como un caleidoscopio, una habitación
llena de espejos, cálida donde los tres fluíamos.
Era mi cuerpo ya interoceánico, un poco de Mar Muerto
un anhelo de una tierra prometida
un andar desnudo cobrizo y una eñe.
Poco a poco fui sintiéndome como tus dientes, algo duro
y un salto constante hasta hoy que estoy vivo.
Era mi cuerpo también los besos, las manos y el sexo
que me visitaba, era parte de un canal, de una noche
de un mar que se desborda y un puente que colapsa.
La tierra y sus temblores
mis músculos en saltos que abrían la tierra

la luz que entraba en la tiniebla.
Fue el primer día
era bueno y era parte de mí.
Mi cuerpo entonces era el aire, la luz y el llanto anudados
después de la tijera, tu leche y un nódulo
atascado en mi garganta.
Eran míos un aire enrarecido, un ahogarme constante
de tus miedos; seguro que también sus besos
eran parte de mí, seguro.
Iban siendo parte de mi cuerpo el alimento
y su vida misteriosa bajo tierra, el paso de la lombriz
su oscuridad
la yerba ordeñada y la ubre como manojo de plátanos
como una vaca verde.
Un pan que era harina me fermentaba, una harina
que fue trigo, una espiga de trigo en un campo de Rusia
una mano de una mujer rusa amasaba.
Una higuera estéril me negó sus higos
y una pulpa de manzana de Bulgaria…
una boca de un aldeano de Varna me chupaba los dedos.
También me bebí un río que quería tragarme

mi cuerpo era como una cascada.
Eran parte indeleble de mi cuerpo una abuela niña
que jugaba a ser niño, las décimas secadas al sol
los sorbos en ayuna.
La espuma de una mano a otra y el efímero beso
en mis labios de niño.
Tuve yo unos ojos negros que eran azules
la huella de un seno cortado por la rueda de un tranvía
y una muleta.
Era entonces mi cuerpo misceláneo
un sinfín de huellas en racimo.

Foto de Michal Vrba

Cadena perpetua

Él quería ser un amante estable.
Era como un iceberg caribeño
llevado por la ola
y se fue a Laponia
más allá de los árboles árticos
donde el sol y la noche permanecen
donde todo el día es día o noche
inalterable.
Él ya había hecho su nido de especias
y empollaba su huevo
pero se dio cuenta de que el ave fénix
también revolotea como aurora boreal
en las llanuras de Laponia.

Por si las moscas

El amante vestido de blanco
en un barco holandés hacia Sumatra
en un efímero momento
ya la flor entre sus manos
y en el cielo una nube de moscas
que anuncian la constelación del sur.
Pasada la noche y de rodillas
frente al crucifijo
ahuyenta al Señor de las Moscas.

Laberinto

Me he puesto la falda de la abuela
y mi cabeza de niño encima de sus piernas
ya lucen sus argollas de plata.
Me he puesto su anillo
y mis manos ya tienen esas pecas
que son como lentejas sobre su piel delgada.
Voy contando con mi pequeño dedo las manchas
y he pintado de rojo intenso unas uñas
prestadas al recuerdo
colgadas como un pétalo en una enredadera
sobre sus rodillas.
Me miro en el espejo y estoy desnudo.

Terremoto

Un temblor puede agrietarnos para toda la vida
o anudarnos entre quebradas paredes.
No hay nada más tierno que cascar un huevo en la mañana
Ni más triste que zurcir una media ya deshecha.

Un temblor va trepando los muros a retazos
y a pedradas derriba mi dureza.
Una lluvia de escombros desnuda nuestra viga.
Cuerpo de polvo tendido en el asfalto.

Ala dino

Él vivía preso en una isla
entre la gente
en su cuarto
en su cuerpo
Él sólo soñaba con salir volando
en su alfombra finesa
y viajaba con la nariz sobre su vello
sobre su púbico rubio
"mi vellocino de oro" como él decía.
Él también estaba cautivo entre sus piernas
colgado como a un árbol
una vez al año.
Él quería escapar en su alfombra finesa
pero araba en un sexo que no dormía.
Él quiso poner yugo con alas a dos toros
de pezuña de bronce
y sólo logró subir al altar del sacrificio
y domar al dragón que nunca duerme
y robar su vellocino.

WHIGMAN MOTOYA DELER

Él no pudo salir volando en su alfombra finesa
Él seguía preso en su isla
con la misma gente
el mismo cuarto
el mismo cuerpo
pero era libre y soñaba con salir
cuando acercaba su nariz al cofre
donde guardaba el vello púbico
de su amante finés.

Vida y muerte de Jorvas

> A la memoria del amigo Jorvas, porque contigo supe
> que con la hoja caída de la higuera se hace un excelente té.

Como buen amante nunca estuviste solo
siempre había alguien listo para escalar tu cuerpo
dispuesto a tumbar los cocos de tu patio trasero
a robarte las blancas guayabas del Perú
que celosamente cuidabas.
Como amigo nunca estuviste solo
siempre estábamos ahí
y rotulabas nuestras palabras
con la escasez de tus pinceles
y nos comíamos las masas de los cocos
tumbados por tu amante de turno
y llenabas nuestras bolsas con guayabas
que otros tenían que robarte
pero se enyerbó tu patio
y se secó tu higuera
se acabó tu aceite
y se apagó tu lámpara

WHIGMAN MOTOYA DELER

y la mala hierba trepó y echó raíces
precisamente en lo más profundo de tu pozo
de donde bebían tus camellos.
Y tu puerta no escuchó más silbidos ni tatuó más nudillos
 y estuviste muy solo
  más viejo que tus años
 y perdiste una pared y entró el viento y el agua
 y los cocos se caían y las guayabas eran casas de gusanos
 y has muerto amigo, solo.

Sobre el autor…

Whigman Montoya Deler (Santiago de Cuba, 1973). Licenciado en Letras por la Universidad de Oriente, Cuba, 2000; Máster en Estudios Cubanos y del Caribe, Universidad de Oriente, Cuba, 2006.

Ha sido profesor de español como lengua Extranjera por más de 15 años en: Universidad de Ciencias Médicas de Santiago de Cuba, Universidad de La Habana y *Tianjin Foreign Studies University*, Tianjin, China. Ha impartido cursos de Literatura Española y Latinoamericana.

Además, fue profesor de Historia de la Cultura de Iberoamérica y el Caribe en la Facultad de Español como Lengua Extranjera de la Universidad de La Habana (FENHI).

Se dedica a la investigación en la enseñanza del Español como lengua Extranjera y al tema de la mujer en la Cuba Republicana.

Ha publicado el libro titulado El Lyceum y Lawn Tennis Club: su huella en la cultura cubana por Ediciones Unos & Otros (Miami, 2017).

www.ingramcontent.com/pod-product-compliance
Lightning Source LLC
Chambersburg PA
CBHW052116070526
44584CB00017B/2513